PARIS-BABEL

(Les Parisiens peints par eux-mêmes)

PAR

ALFRED SONNET

PRIX : 60 Centimes

HAVRE

Chez tous les Libraires

1871

Havre. — Imprimerie F. SANTALLIER & Cᵉ, boulevard de Strasbourg, 162

PRÉFACE

Le lecteur ne suspectera ni la bonne foi ni l'impartialité de celui qui, sous l'influence des événements actuels, a écrit cette brochure, dont le titre, un peu présomptueux, sans doute, pourrait être : *Les Parisiens peints par eux-mêmes ;* lorsqu'il saura que l'auteur, né à Paris, n'a jamais quitté cette ville, a vécu de tout ce qui constitue la vie parisienne et qu'il n'est pas assez désabusé encore pour rester indifférent aux diverses péripéties qui contribuent à augmenter ou à réduire, pour sa ville natale, les chances de deuil ou de prospérité.

Il y a quelques années, lors des dernières élections législatives, un des candidats les plus honorablement connus de la grande cité, quoique candidat officiel, le seul que le gouvernement ait cru, du reste, digne d'être opposé à l'illustre chef du pouvoir actuel, réunissait chez lui, dans le but de faire valoir ses titres à la députation, les électeurs les plus influents de la circonscription ; disons même ceux qu'il jugeait les mieux pensants, la vue du présent nous rend indulgent pour un passé que nous avons souvent condamné sans pour cela demander la mort des coupables.

Ce zélé serviteur, d'un régime qui n'est plus, faisait, devant son auditoire, l'apologie d'une administration merveilleusement organisée, quoique souverainement impopulaire, et placée sous la haute direction du fonctionnaire le plus habile, le plus intelligent, le plus audacieux de l'époque.

Après avoir écouté attentivement la longue énumération des bienfaits dus par la cité à son Mécène préfectoral, énumération à laquelle nous ne répondions, en signe approbatif, que par un léger mouvement de tête, nous entendîmes faire cette déclaration, que les habitants de Paris étaient les ennemis les plus acharnés de leurs propres intérêts, et qu'ils les sacrifiaient sans cesse en envoyant à la Chambre, pour les représenter, des députés exclusivement politiques.

Pour obvier à ce grave inconvénient, sur les conséquences duquel nous étions tous d'accord, il était temps, poursuivait l'orateur, que les honnêtes contribuables envoyassent au Corps législatif des hommes pratiques, spéciaux, des enfants de la cité, connaissant les besoins de leurs concitoyens, et s'attachant plus particulièrement à l'étude, à la sauvegarde, à la défense d'intérêts considérables qu'ils connaîtraient mieux. Cette observation, très sensée, très vraie au fond, nous parut exorbitante dans la bouche de l'*alter ego* de celui qui avait le plus fait pour annihiler, pour détruire les sentiments patriotiques du véritable enfant de Paris. Nous nous fîmes un devoir d'opposer aux arguments de l'honorable négociant, qui nous tenait ce langage, les termes de certain discours prononcé à l'Hôtel-de-

Ville, à l'occasion d'une solennité quelconque. Dans ce trop fameux discours, le préfet de la Seine faisait litière des sentiments les plus délicats du patriotisme local, il niait l'existence d'une population indigène dans Paris, privait ses nombreux administrés du droit de s'occuper de leurs propres affaires, et condamnait la capitale de la France à devenir, en quelque sorte, le bazar public, le lupanar de l'univers.

Sans tenir compte des avantages pécuniaires que les intéressés pouvaient retirer de cette situation, cette assimilation injurieuse nous ayant froissé, nous saisîmes la première occasion qui nous fut offerte pour protester. Nous déclarâmes, à notre tour, que cette doctrine, aussi fausse qu'impolitique, porterait avant peu ses fruits amers. Il ne fallait pas, à notre avis, rendre responsables d'une situation faite ceux-là mêmes qui en étaient les victimes et non les auteurs. Tout en témoignant de notre estime personnelle pour l'avocat malheureux d'une cause perdue depuis longtemps, nous ne craignîmes pas de lui prédire la stérilité des efforts qu'il tentait, trop tard, hélas, pour changer de voie, et lui affirmer que les paroles imprudentes du Goliath municipal retomberaient en malédictions sur sa mémoire, et recevraient, tôt ou tard, du peuple de Paris, avec lequel il ne voulait pas compter, un éclatant démenti.

A. S.

Versailles, 8 *mai* 1871.

Etant donné une agglomération de deux millions d'habitants, composée, il est vrai, d'élémen disparates, il faut en conclure que ces individus, ainsi groupés, n'ont pas consacré uniquement l'exercice de leur profession, au culte de leur art, à l'exploitation de leur commerce, à l'étude de sciences exactes ou abstraites, au développement de leur industrie, ou à la recherche d'une rime, temps dont ils pouvaient disposer et la force créatrice qui était en eux. Ils ont dû professer pour le lois immuables de la nature une observation plus rigoureuse, un respect plus profond, que l'obser vation ou le respect qu'ils professent, de longue date, pour les lois de la société ou celles de l'Eta Nier l'existence d'une population spéciale, indigène, dans un centre tel que Paris, est donc un théorie qui échappe aussi bien à l'analyse qu'à la discussion. Peu absolu dans notre appréciatio nous allons jusqu'à comprendre dans la population originaire d'une ville les individus ou famill venus de divers points de la contrée pour créer dans cette ville une industrie nouvelle, un établiss ment quelconque, y faire élection de domicile pendant une certaine période d'années, ou y deven possesseurs de terres ou d'immeubles ; tous les gens supportant les mêmes charges, contribuant p leur activité et leur travail à la prospérité de la cité, puisant ou versant tour à tour, au foy commun, les éléments de leur intelligence, de leur initiative, de leur richesse, ou de leu affections.

Nous emprunterons volontiers aux circonstances douloureuses du moment une preuve de ce q nous avançons. Le siége, à jamais mémorable de Paris, nous en fournit d'irrécusables. C'était lendemain de la catastrophe de Sédan, le peuple parisien informé par ses gouvernants improvisé des épreuves, des luttes, des privations et des dangers qu'il allait avoir à subir, accepta résolûme alors qu'il pouvait s'éloigner, ces épreuves, ces luttes, ces privations et ces dangers. La populati flottante, elle, s'éloigna et fut aussitôt remplacée par les habitants des communes suburbaines q vinrent prendre, dans la grande assiégée, leurs lettres de naturalisation.

Les passions politiques, si violemment surexcitées cependant, s'apaisèrent tout à coup ; les hain les divisions de partis, les ferments de discorde, tout disparut pour faire place au plus noble él national que jamais l'histoire des peuples malheureux n'ait eu à enregistrer. La population q comptait à peine deux millions d'individus la veille du blocus, en comptait, le lendemain, deux m lions trois cent mille!... Personne ne déserta ce poste d'honneur et de péril. Chacun éleva s âme et se ceignit les reins pour le combat suprême! Toutes les mains se rapprochèrent dans u chaleureuse étreinte; le même amour de la patrie enflamma tous les cœurs! Les poitrines oppre sées se serrèrent les unes contre les autres dans un muet embrassement, afin d'étouffer les sangl prêts à s'en échapper; on voulait faire au pays jusqu'au sacrifice de ses larmes, de peur qu'un insta de faiblesse ne vînt paralyser l'action. Chaque citoyen faisait taire ses plus poignantes angoisses p la volonté de fournir, à nos défenseurs nationaux, le temps d'organiser la résistance, les moye d'assurer la victoire. Les trois classes dont se compose le peuple de Paris : la classe riche, la clas moyenne et la classe ouvrière, unies aux glorieux débris de notre valeureuse armée, rivalisèrent, l'envi, pendant les cinq mois que dura ce siége, de charité, de courage et d'abnégation. La mê rdeur dans le désir de vaincre animait tous les combattants; le même enthousiasme décuplait leurs rces.

Une foi égale dans le triomphe de notre cause nous aveuglait à ce point, que les atermoieents, les contradictions, les promesses fallacieuses, les réticences et les lenteurs de nos chefs, outés aux échecs répétés, aux résultats désastreux, inexplicables, de toutes nos tentatives, aux ouvelles affligeantes qui nous arrivaient de tous côtés, ne parvenaient point à lasser notre patience. us les désastres s'amoncelaient autour de nous, plus l'opiniâtreté grandissait, plus le courage se trempait. Il semblait que les soldats voulussent forcer au combat les chefs qui se dérobaient, les traînant sur un terrain qui s'effondrait à chaque pas! Rien n'expliquait ce fol acharnement à ursuivre la fortune qui nous refusait ses faveurs, si ce n'est qu'un même sang généreux bouillonit dans les veines et qu'un frémissement d'héroïsme avait électrisé les âmes!

Ce peuple, que personne en Europe ne croyait susceptible d'un accès de patriotisme, porta si haut, contraire, cette vertu civique, qu'en présence d'un chiffre fabuleux de décès, n'ayant plus ni in, ni bois, ni vivres, décimé par le froid, l'épuisement et la faim, vaincu déjà par l'épidémie, hi par l'inexpérience des uns, l'impéritie des autres, ce peuple, affolé de bravoure, persistait à ne ir, à l'heure de la défaite, que des munitions inutiles et des armes neuves! Le mot armistice, dont devina le véritable sens, lui fit monter la rougeur au visage... et lui fit courber le front sous la nte qui mourait à ses pieds!

Sur qui retombera la responsabilité de nos revers? Qui portera, dans l'avenir, le poids d'une pitulation semblable?... Nul ne pourrait le dire. Devrons-nous accuser les hommes présomptueux i ont eu l'imprudence de tenter l'impossible, et ne sont parvenus qu'à nous donner le triste ectacle de leur incapacité?...

Devrons-nous condamner l'honnête professeur d'esthétique militaire qui s'est cru capitaine, et a lontairement accepté le double fardeau de notre confiance et de nos destinées? Ou bien, devonsus, dès aujourd'hui, chercher ailleurs la cause de nos malheurs. Ne pourrions-nous pas la trouver nous-mêmes, y voir le réveil brutal d'un grand peuple bercé par huit siècles de gloire et, de plus, gourdi, énervé, par un long règne de jouissance et de prospérité?...

Devons-nous les attribuer à la légèreté, à l'insouciance, aux frivolités qui constituent le fond du ractère français, et nous portent à disperser, à tous les vents, les éléments de notre force et de tre puissance?...

S'il en était ainsi, la division, l'indiscipline, la discorde auraient été, dans cette guerre, nos ennes les plus implacables, et, malgré le nombre et la force de nos adversaires, nous aurions à cette ure la consolation, pleine d'amertume pour le présent, mais aussi riche de promesses en l'ave-, de n'avoir été vaincus que par nous-mêmes!...

Mais n'anticipons pas... ne pouvant être juge et partie dans ce procès, laissons à l'histoire le soin en rechercher les pièces, d'en examiner le volumineux dossier, et le devoir de désigner les coubles!

Ce que nous tenons seulement à constater ici, c'est l'existence indiscutable d'une population indine qui vient de recevoir, par ses larmes, un nouveau baptême, et qui porte aujourd'hui le deuil son prestige tombé.

Ceux que nous devons repousser, au point de vue du dénombrement de la population, comme n'en isant pas partie, ce sont, d'abord, les oiseaux de passage accourus de l'extrême Orient, du Nord du Midi, pour demander, à prix d'or, un rayon de notre soleil, un reflet de notre gaieté, un fruit notre table, une étincelle de notre esprit, un sourire de nos femmes... tous ces dons précieux, pitoyablement refusés aux heureux de la terre sous bien des latitudes, et qui constituent, pour us, un véritable monopole!

Beaucoup de gens, collets-montés, dont nous respectons les alarmes, considèrent ce commerce comme immoral, dangereux, et d'un mauvais exemple pour nos enfants. — Certes, le spectacle d tous ces étrangers oisifs et opulents, avides de plaisirs qu'ils ne trouvent pas ailleurs, et qu'ils paien largement chez nous, est un danger réel pour le père de famille qui n'a pas, et n'aura jamais, peut être, les ressources suffisantes pour procurer à son fils la même existence. Nous reconnaissons auss que nous devons à ces privilégiés de la fortune l'éclosion de toute une race de jeunes parasite sortis de l'asphalte de nos boulevards ; mais ces inutiles n'ont aucune valeur personnelle ni morale ils font l'ornement de nos promenades et le désespoir des gens sérieux ; leur sottise n'a pour égal que leur vanité ; ils bornent leur action dans le plagiat des modes, du vice et du langage ; ils se fon les *moustiques* du désœuvrement ; nous leur devons, en échange de la pitié qu'ils nous inspirent, l monnaie courante de l'esprit européen.

Peu importe, n'avons-nous pas le discernement nécessaire pour établir la différence qui exist entre le vrai et le faux, ce qui est bon ou mauvais, ce qui est moral ou ce qui ne l'est pas ?.... N'avons-nous pas, pour cela, et d'une manière absolue, notre libre arbitre ?... Où serait le mérit d'une éducation bien comprise et bien appliquée, s'il n'était, pour le père de famille, dans le choi des préceptes et celui des exemples ? La science de la vie, pour l'homme, consiste dans l'étud approfondie et la connaissance parfaite des conditions dans lesquelles il est appelé à vivre. Il do donc s'attacher à ne pas tarir inconsidérément les sources d'une prospérité qui pourrait, dan l'avenir, assurer le bien-être de ses enfants.

Là n'est pas le danger, cette population est essentiellement flottante ; elle ne se confond nulle ment avec la population parisienne, sur laquelle elle n'entend exercer aucune influence moral aucune pression intellectuelle. Elle demande la distraction, le mouvement, le plaisir, voilà tou Elle se borne à semer autour d'elle, par ses prodigalités, ses largesses, l'or qui doit féconder l'ir dustrie, le commerce et les arts. Son caractère est nomade, sa nature ombrageuse ; nous devon par mille précautions, la retenir captive dans une cité dont elle fait la richesse ; attendu que l moindre choc des passions politiques l'effarouche, la moindre brise révolutionnaire la voit s'enfuir.

Il existe une autre fraction d'individus également étrangers à la cité, mais autrement dangereu Ceux-ci se mêlent à la population, qu'ils agitent et exploitent sans pudeur, exerçant sur elle ur influence directe et pernicieuse. Ils viennent usurper au foyer une place qui ne leur est pas destiné Cette fraction-là se décompose elle-même en un nombre incalculable de catégories, et forment u imposante légion : celle des déclassés. Ses sicaires se recrutent partout, en province, dans les col nies, à l'étranger, mais ne se comptent et n'agissent qu'à Paris. Ses racoleurs sont quelquefo l'infortune, mais le plus souvent l'imprévoyance, l'inconduite, l'ambition, la débauche, la paress les passions, l'indélicatesse et l'envie. Ses rangs s'ouvrent avec empressement à tous les désœuvré à tous les fruits-secs de la politique, de la bureaucratie ou des lettres. Toutes les médiocrités jalous et haineuses, les gens tarés, les intrigants de bas étage s'y bousculent en compagnie d'agents inte lopes d'affaires véreuses, d'écrivains sans talent en rupture de plume, d'individus sans aveu aya un nom ou un passé à cacher, de chevaliers d'industrie ou d'opinion ne pouvant plus opérer leu manœuvres sur un terrain où ils ont échoué une fois, dans une localité où ils sont connus. Tous c mécontents en habit, tous ces incompris aux mains quelquefois blanches auxquels il ne reste que ressource de venir se perdre dans le tourbillon parisien. Arrivés là, ils font peau neuve et passe inaperçus ; leurs talents variés et multiples s'accommodent mieux d'un théâtre plus vaste ; ils pe vent plus sûrement battre monnaie sur la candeur de la galerie. C'est là qu'ils se groupent et s'e tendent dans le but d'ouvrir le feu contre la société, avec laquelle ils sont en guerre sourde et pe manente. C'est là qu'ils pénètrent dans l'atelier, dans l'usine, qu'ils trouvent un libre accès aupr de l'ouvrier dont ils exploitent la bonne foi et l'ignorance.

C'est en lui qu'ils déposent par des promesses perfides leur venin de haine et d'immoralité, tro pant ainsi les cœurs les plus droits, les plus honnêtes, mais aussi, hélas ! les plus naïfs de la clas borieuse, cette classe intéressante qui leur sert de tremplin pour arriver, d'un bond, au sommet de échelle, et leur épargne ainsi la peine d'en gravir les degrés. Ces impudents ne dédaignent pas de se glisser dans une ou plusieurs associations coopératives, comptant tirer parti des besoins de leurs camarades, exciter leur cupidité, faire naître des désirs qu'ils n'ont pas, détourner à leur profit leurs plus nobles aspirations, et les corrompent en éveillant en eux de basses convoitises ! Inutile d'énumérer toutes les ressources, tous les métiers inconnus, tous les compromis ignorés, tous les trafics honteux qu'offre, à ces êtres nuisibles, une agglomération de deux millions d'habitants. Voilà la brebis galeuse dont il faut garder le troupeau !

Il existe une autre légion, dont ceux qui la composent ont les opinions mieux définies, plus radicales et des moyens plus énergiques pour atteindre un but semblable. Bien que ces deux légions combinent ensemble leurs efforts et suivent souvent la même route, au risque de se séparer brusquement au terme du voyage, il convient de former pour celle-ci des cadres spéciaux dans lesquels prennent place : les ex-pensionnaires de l'Etat qui cherchent à se faire une position ; les requins ingénieux qui ont poussé jusqu'aux dernières limites l'art de tourner la loi ; ceux qui, moins heureux, ont eu avec elle plusieurs démêlés ; les innocentes victimes qu'une erreur judiciaire a laissé moisir sur la paille humide des cachots ; les tempéraments lymphatiques pour lesquels une saison de dix ou vingt années, passées au bord de la mer, avait été jugée salutaire, et qu'un fragile retour à la santé nous ramène de Toulon ; les calligraphes distingués dont les modèles d'écriture n'ont pas été appréciés comme ils le méritaient ; les préposés à la garde d'une caisse dont ils ont, par inadvertance, confondu les espèces ; les cantonniers volontaires qui se sont spécialement chargés de la surveillance nocturne des grandes routes d'autrefois, et que l'établissement des voies ferrées laisse sans emploi lucratif ; les amants passionnés d'un sexe enchanteur aux charmes duquel ils n'ont su résister... ; les amateurs fantaisistes ou blasés qui, par esprit d'opposition, sans doute, empruntent à l'Orient, pour satisfaire leur goût, certaines coutumes bizarres flétries par la Sainte Ecriture... En un mot, tous les repris de justice, tous les fripons, tous les banqueroutiers, tous les escrocs, qui saisissent avec transport la moindre occasion d'user de représailles, aussi terribles qu'explicables, envers les serviteurs de l'ordre, du droit et de la justice. Voici la bête fauve qu'on doit traquer sans trêve ; la première espèce procède par insinuation, celle-ci par l'intimidation et la menace.

Peu de jours après l'odieuse fusillade qui ensanglanta la place Vendôme, une circonstance nous permit de parcourir une partie de la France, et de recueillir, sur notre passage, les réflexions suggérées par ce lâche attentat. Les populations provinciales et rurales étaient unanimes pour le flétrir et appeler sur ses auteurs la répression la plus prompte et la vengeance ; nous sommes heureux de pouvoir affirmer ce fait. Cependant, nous devons, pour être impartial, constater que leur indignation, leur colère, leur rage n'eurent qu'un effet passif.... Appelées par la nation désarmée à lui prêter un concours volontaire, ces populations ne bougèrent pas. Elles ne répondirent que par le souverain mépris que leur inspire ce petit peuple inquiet, maladif, ingouvernable, dont elles suspectent tous les actes, sans examen, et qu'elles mettent à l'index, sous cette appellation générique : *les Parisiens !...*

Les départements prennent vis-à-vis de Paris une attitude trop sévère. Ils n'ont pas raison en abandonnant de la sorte à sa mauvaise fortune ; cela tient à ce qu'ils ne se rendent pas un compte exact du mal qui le tourmente. Ils nous obligent à leur rappeler que dans le contingent de cette armée du crime et du désordre, qui compte aussi bon nombre d'amazones dont nous ne voulons pas ici, par un sentiment que le lecteur appréciera, dévoiler les mérites particuliers, que dans ce contingent, disons-nous, les départements figurent pour les quatre cinquièmes ! Conséquemment, il leur est moralement impossible de se désintéresser dans les questions qui nous agitent et nous passionnent. Non-seulement ils doivent nous mieux juger, mais ils doivent encore prêter leur appui à tous les honnêtes gens dont ils sont solidaires, et partant, réserver à Paris, en général, toute leur indulgence, toute leur sollicitude, toutes leurs sympathies. Ils ne doivent pas perdre de vue que tranquillité parfaite dont ils jouissent, et qui les rend si fiers, est achetée, par le pays, au prix l'agitation perpétuelle et fiévreuse, des convulsions de la capitale !.. Qu'au moins, la joie de se v ainsi débarrassés d'une tourbe qui n'eût pas manqué de les empoisonner ne les rende pas ingrat

En effet, cette situation critique, pour nous, est un bienfait pour la société en péril. Le mal, c conscrit de la sorte, étend moins ses ravages ; il devient plus facile, en le localisant, d'en arrêt la contagion, d'en paralyser les effets.

Il est donc indispensable d'établir en principe, que Paris n'est pas le récipient, mais qu'il of un récipient où viennent se confondre à la fois, et l'écume et la lie des nations. — C'est de ce m lange impur, susceptible de fermentation, que sortent, aux jours de tourmente révolutionnaire, vils insectes que nous voyons grouiller dans la boue !...

Si cette armée du tumulte, toujours prête au combat, ne se composait que d'éléments de c espèces, la lutte ne serait pas de longue durée ! On pourrait frapper sans scrupules, agir av vigueur, l'acculer et la vaincre. Mais, malheureusement, ses engins sont la ruse; ses armes: l'hal leté; sa stratégie : l'audace ! Elle trouve en la bêtise humaine un puissant auxiliaire. Elle sait plac avec art, aux avant-postes, les niais, les simples et les bons, ces cœurs courageux et fiers, incap bles, de sang-froid, de se rendre coupables d'une indélicatesse, mais qui, grisés, fanatisés par sainteté d'un faux but qu'on leur fait entrevoir, commettent des atrocités dont ils n'ont pas co science !... Ces *moutons enragés* d'un Panurge en délire sont soutenus dans l'action par d'imp santes colonnes composées d'êtres irrésolus, flottants, indécis, patriotes égarés qui serviraie volontiers la cause de l'ordre et du progrès, mais qui, sans opinions précises, fascinés par lueurs du succès, ne peuvent plus discerner la vérité du mensonge, le droit de l'arbitraire, et laissent emporter par le courant du hasard, de l'occasion ou d'une secrète ambition. Vienn aussi les impatients, les songe-creux, les esprits errants épris de vagabondage, le journalier sa travail, condamné par la nécessité à devenir l'artisan de l'émeute ! L'homme sans conscien qu'une aveugle cupidité rend âpre à la curée, les énergumènes exaspérés du peu de confiance qu' inspirent, les propagateurs fantaisistes d'une morale facile qui répond aux besoins de chacun ; ramassis *international* d'agitateurs occultes et assermentés que leurs compatriotes désavouent, qui viennent, parmi nous, compromettre les causes les plus nobles et abuser de notre caract chevaleresque, de notre esprit aventureux en murmurant à notre oreille complaisante des mots c nous exaltent ! Puis les partisans du bruit et du désordre, les turbulents avides d'une popular malsaine, qui servent indifféremment toutes les causes, pourvu toutefois qu'ils les puissent ser avec fracas ! Les frondeurs militants qui, n'ayant rien à perdre, se jettent dans la mêlée en pr vision du butin. Tous ces gens, dont les convictions varient selon les milieux, les circonstanc ou les intérêts personnels mis en jeu, et dont l'honnêteté est subordonnée aux chances de trio phe..... ou d'impunité !...

Certains bohêmes des lettres ou des arts, des médecins sans malade, des soldats sans honneur, d avocats sans dignité, des généraux sans troupes, et des patriotes sans patrie... forment l'état-ma de cette armée hétérogène !

Il nous faut comprendre dans l'effectif, une classe particulière d'individus honnêtes et intellige qui font partie intégrante de la population saine et se préparent gratuitement de vrais soucis p l'avenir. — Ce sont les fils de famille venus de la province dans le but de compléter, à Paris, le éducation. — Ces jeunes gens apportent dans la mêlée l'appoint de leur ardente jeunesse et l'exal tion factice de leur esprit émancipé. En raison de leurs connaissances aussi variées... qu'incomplèt et au nom du progrès, dont ils se croient les précurseurs, ils lèvent avec quelque autorité l'étenda de la rébellion, donnent l'exemple du désordre et du libertinage et font ainsi le jeu des fourbes qui poussent, en se constituant les éclaireurs volontaires de troupes avec lesquelles ils rougiraient d'ê onfondus. — Quand, pour eux, sonne l'heure du retour ou de la réflexion, la lumière se fait généalement dans leur esprit ; mais au lieu d'instruire, d'éclairer les masses qu'ils ont soulevées, de éparer le mal qu'ils ont fait, en étouffant les germes d'effervescence qu'ils ont semés en elles, ils uittent sans bruit le théâtre de leurs débordements. Ils renferment en eux ce qu'il y avait de sinère, de loyal et d'honnête, et regagnent le foyer domestique où ils retrouvent et pratiquent, à leur our, les mâles vertus qui leur assurent l'estime, le respect et la considération de leurs concitoyens. – Peu à peu l'âge leur fait oublier l'endroit où ils jetèrent leur gourme, et, lorsque les bruits de la ille viennent forcer leur attention et troubler leur béate existence, ils se dressent fièrement dans ur superbe égoïsme et en proie à une sainte et noble indignation ils lancent l'anathème sur les dées, les excès et les mœurs de la nouvelle Babylone !

Babylone soit! mais Athènes aussi. — Il est juste de placer en regard de ce sombre tableau le restige qu'exerce Paris sur le monde entier. Prestige incontestable qui s'impose par l'union des élébrités, des intelligences et des illustrations dont il est le centre ! Paris s'est fait la terre promise es travailleurs ingénieux dispersés sur le globe ; pour le musicien, il est l'inspiration ; pour le oëte, il est le rameau d'or ; pour le lettré, la source des plaisirs délicats ; pour l'artiste, la consération du talent ; pour le savant, la bibliothèque universelle ! Il offre un terrain neutre et hospitaer à toutes les rivalités connues ; un vaste marché au mercantilisme des nations ; une lice ouverte ux intérêts les plus considérables et les plus opposés.

L'agriculture, le commerce, la banque et l'industrie lui envoient, des points les plus reculés, pour i ravir le sceptre de son influence, leurs représentants les plus renommés, leurs lutteurs les lus intrépides ; de même que les sciences, les lettres et les arts envoient leurs concurrents les lus distingués lui disputer, en vain, la palme du bon goût. Ce concours formidable développe les ptitudes déjà multiples du peuple de Paris et le lance, malgré lui, dans un tourbillon d'affaires ou e plaisirs qui le tient constamment en haleine et ne lui laisse ni le temps de se reposer, ni la faulté de se recueillir. Ces conditions, favorables ou défavorables, suivant les courants, les hommes u les événements, le rendent accessible à tous les essais, toutes les tentatives. Il subit tous les ntraînements et dépasse tous les buts qu'il veut atteindre. Il écoute tous les propos, comprend tous es langages, accepte tous les programmes ! Il jette sur les splendeurs qui l'environnent un regard our à tour distrait, avide ou dédaigneux. Il prête une oreille docile aux théories les plus insensées e tous les rêveurs cosmopolites. Un projet l'enthousiasme, un discours le ravit, une phrase le harme, un mot le grise, une idée le tue ! Paris, c'est le phare qui projette au loin la lumière et este, par la confusion, plongé dans les ténèbres.

Ce *pandémonium* de toutes les excentricités offre à l'observateur les exemples les plus bizarres t les plus extravagants des contrastes.

Ainsi, Paris veut être libre-penseur et n'accepter aucun dogme d'aucune religion, et il se crée es idoles, des faux-dieux qu'il adore et qu'il vient ensuite renverser dans le temple même où il 'est prosterné ! Il accuse de toutes les faiblesses, de toutes les lâchetés, de toutes les vilenies, le avoritisme des cours, et acclame avec transport les plus plats valets de la populace ! Il pousse usqu'au fanatisme l'amour de toutes les libertés qui ont pris naissance à l'ombre de ses nombreux lochers, et se montre d'une intolérance sans borne, d'une tyrannie révoltante envers ceux qui eulent se réserver celle de n'en pas jouir ! — Il décrète l'abolition de toutes les aristocraties auxuelles le pays doit l'éclat de son passé et lui impose en échange une *autocratie populaire* à lauelle il devra sa ruine ! Le Parisien, en matière gouvernementale, professe un culte légitime pour a forme républicaine, sans prendre en considération que cette forme réclame de ses adhérents, la ouveraineté absolue des lois, la stricte observation du droit et de la justice ; l'entier épanouissenent, dans l'ordre, de toutes les libertés ; le concours de tous, dans la sauvegarde des intérêts de hacun ; le libre essor de toutes les facultés intellectuelles ; le sacrifice constant des intérêts particuliers à l'intérêt général ; la substitution de la société, être collectif, à l'individu, être isolé ; libre pratique des différentes religions ; l'intégrité des fonctionnaires, l'examen consciencieux tous les actes publics ; le contrôle volontaire et facultatif de tous les citoyens ; la suppression cumul, la réduction des gros traitements, l'économie dans le budget, l'austérité dans les mœu l'anonymat dans les services rendus au pays, le calme, le sang-froid, la courtoisie, dans la di cussion ; l'extention des grands principes démocratiques qui étendent le niveau égalitaire sur to les hommes, et suppriment les distinctions, la mise en scène et les honneurs.— En un mot, gouvernement du sage qui a horreur de tout ce qui est mensonge, vanité, arbitraire !

Ce gouvernement par excellence est certainement la récompense du juste ; il lui donne en gnité, ce qu'il exige en impersonnalité, en dévouement, en sacrifice. Voilà la forme nébuleuse q rêve le Parisien et pour laquelle il brûle d'un amour platonique. — Ses passions, son caractère ses défauts le rendent indigne, et lui refusent impitoyablement les vertus primordiales indispens bles à l'application de cette forme attrayante. Nous le voyons impétueux, intolérant, insubordonn n'acceptant aucun frein, sautant tous les obstacles, niant tous les pouvoirs, méprisant, de parti-pr l'autorité, s'arrogeant tous les droits, secouant tous les jougs, inconstant au possible ; n'ayant a cun principe, se couvrant d'oripeaux, voulant à tous prix ne pas être confondu dans la masse, he reux d'être quelqu'un et se hissant volontiers sur les épaules du voisin pour se mettre en éviden commettant des folies, des bassesses pour décrocher un hochet, et se livrant, par amour du pan che, à une véritable orgie de galons !

Paris partage avec la nation la gloire d'un passé militaire qui excita la jalousie, l'envie et la c lère des peuples ses rivaux ; et le premier il porte une main sacrilége sur cette page impérissa de son histoire ! Il avait adopté un système de centralisation qui lui permit de réaliser des prodi tels : qu'une pelletée de son sol se vendait au poids de l'or, que ses promenades devenaient le tour de toutes les élégances ; qu'il faisait sortir de terre, et comme par enchantement : palais, jardi temples, fontaines, musées, hôtels, cascades, etc ; qu'il faisait circuler partout l'air pur et la l mière, rendait le monde entier tributaire de son luxe et de ses fêtes ; transformait son Champs-d Mars en un immense caravansérail où l'univers convié entassait ses richesses, et faisait couler pactole du sommet de ses Champs-Elysées à l'extrémité de ses boulevards. Ces résultats ont été merveilleux que le récit fidèle qui en sera fait à nos enfants deviendra légendaire et leur produ l'effet d'un conte des *Mille et une Nuits* dont le peuple parisien aura été l'heureux *Shezaaraadhe* !

Et c'est dans Paris, en présence des nombreux témoins de ces transformations, que va s'élever chaire d'où tombera le signal décentralisateur !...

Paris veut imposer ses idées à tous les peuples et devient la triste proie d'une bande de salti banques avinés !... Il fait étalage d'un cynisme éhonté pour les plus saintes croyances et montre d'une crédulité qui le livre, sans armes, au plus vil imposteur ! Doué des aspirations les p nobles, les plus élevées, les plus chevaleresques, il se fait l'éditeur responsable des doctrines plus fausses, des utopies les plus insensées, des extravagances les plus colossales ! Sa folle aud fait l'étonnement de l'Europe, quand ses inconséquences n'en font pas la risée !...

Il n'avance que par soubre-sauts, ne procède que par coups de boutoir. — Un jour, il escalade Capitole et descend, le lendemain, plus bas que la roche tarpéienne ! *Charybde* et *Scylla* sont ses de pôles, il ne sait éviter l'un qu'en abordant l'autre. — C'est dans ce tohu-bohu incroyable, qu'Er trate trouve des admirateurs et qu'Alcibiade fait école ; que les sectaires les plus féroces trouvent nombreux adeptes ; les charlatans les plus vulgaires, un public ; et que viennent gesticuler tous traineurs de sabre, les cabotins et tous les Don-Quichotte des Deux-Mondes ! Tous ces halluci font de Paris un immense cabanon dans lequel ils se livrent aux excentricités les plus drôlatiqu aux sauts les plus périlleux, aux contorsions les plus inattendues, les plus obscènes, à ce point c leur vue seule abrutit le simple spectateur et lui cause, par la suite, les plus affreux cauchemars !

Paris est le creuset dans lequel viennent se confondre et se consumer pêle-mêle, toutes les dé- uvertes, toutes les inventions, tous les sophismes, toutes les hérésies, tous les vices, toutes les topies, tous les schismes, tous les parodoxes, toutes les erreurs, toutes les passions, tous les ins- ncts, toutes les illusions et toutes les antithèses.

C'est le résidu de ce creuset qui se répand en lave brûlante dans le cerveau du Parisien et en fait jaillir s éclairs de son esprit : de cet esprit vif, spontané, sceptique et railleur, mais entraînant et familier, ordant, trivial parfois, plein de fougue, d'ardeur et d'ingéniosité, essentiellement frondeur et mpli d'audace.

Cette verve intarissable fait la joie du Parisien et suffit à sa gloire. Il en éclabousse sans cesse les ortels moins privilégiés, qui n'en peuvent mais... Elle éclate à tous propos en gerbes étincelantes; s fusées lumineuses partent dans toutes les directions, s'élèvent à des hauteurs vertigineuses, anchissent d'un coup toutes les limites connues de la raison humaine, et retombent parfois inco- res sur le terrain de la sottise ! Nul ne peut contester à Paris la possession de ce diamant aux ille facettes. C'est son bien propre, sa chose, son talisman !

Pourquoi la Providence, dans le partage de ses dons, permit-elle l'intervention d'une vieille et échante fée, qui voulut aussi faire son cadeau, en gratifiant Paris d'un génie particulier ?

Ce génie, devant lequel tout tremble, s'incline, succombe et s'évanouit, c'est le génie de la struction. Cette puissance de destructivité ne diminue en rien, il est vrai, sa grandeur, puisqu'elle lève au niveau d'Attila et en fait le fléau des sociétés organisées ! C'est mû par cette force mysté- euse que Paris, dans son audace, atteint et frappe les choses les plus élevées, les plus saintes, les us sacrées : tradition, principes, devoir, honneur, famille, religion; il va, sans compter les ctimes, sans mesurer les chutes, promenant partout la torche incendiaire, que ses courtisans i disent être le flambeau de la civilisation. C'est ainsi qu'après s'être attaqué sans pitié à tout qui était debout, il continue son œuvre de dévastation, en se portant, à lui-même, le premier coup !

Jusqu'ici le pays a pu, en matière politique, opposer à cette force aveugle la résistance de son n sens et de son esprit d'ordre. Depuis un siècle, Paris s'est évertué à renverser brutalement, bitrairement, périodiquement, l'édifice gouvernemental, quel qu'il fût, laissant à la nation le soin le relever pièce à pièce, et de le tirer ensuite des décombres sous lesquels il restait affaissé. Ce vail, long, pénible et toujours inachevé, ne laisse pas que de coûter fort cher à l'enfant terrible i le rend indispensable, et s'il ne peut parvenir à user la patience de ceux qui l'entreprennent, celui i le nécessite le paie des quelques pas faits en avant dans la voie du progrès où de chères libertés nquises !

Honneur aux courageuses populations qui s'embarquent au moment du naufrage et viennent njurer le danger, alors que le navire, perdu sur l'Océan de ses extravagances, sans boussole et ns voile, emporté par les vents, ballotté par les flots et craquant de toutes parts, menace de mbrer; alors que les matelots, affolés de terreur, ayant jeté leur capitaine à la mer, commandent us à la fois une manœuvre que personne n'exécute !... Honneur aux courageux pilotes qui ennent, au mépris de la mort, saisir la barre de l'esquif désemparé, lui imprimer une direction uvelle, sauver son équipage et lui ouvrir un refuge où il pourra réparer ses avaries !...

Il est évident que, malgré la situation géographique qui donne à la France des garanties excep- nnelles d'existence, son démembrement serait depuis de longues années déjà un fait accompli, les populations provinciales n'étaient venues opposer à temps le contre-poids de leur raison aux cès intermittents de la *ville en démence* !

Il faut donc absolument, sous peine de déchéance morale, que Paris se pénètre de ces vérités solues : qu'il ne possède ni *sens moral*, ni *sens pratique*, ni *sens politique*; qu'il est son ennemi plus redoutable, en même temps qu'il est pour le pays une source perpétuelle d'inquiétude, de oubles et de dangers.

Il faut qu'il reconnaisse et donne acte aux provinces de ces qualités qu'elles possèdent et qui font défaut, puisque celles-ci lui accordent en retour et sans réserve les qualités qu'elles n'e point.

Nous ne devons tenir aucun compte des quelques villes isolées, dont la seule gloire est de cop servilement la capitale. C'est à celle-ci que nous adressons nos prières, nos conseils et nos supp cations, lui montrant les débris de sa fortune d'hier, dissipée aujourd'hui, et lui indiquant moyens de la relever, s'il en est temps encore !

En nous adressant aux Parisiens, nos regards, hélas ! ne se tournent pas vers Paris :

« Rome n'est plus dans Rome..... elle est toute où *nous sommes*, »

c'est-à-dire dispersée, chassée de ses foyers, exilée sur son propre sol ! Nous ne ferons pas à n infortunés compatriotes l'injure de les confondre avec ces sinistres gredins qui, non contents tenir gisante à leurs pieds notre ville outragée, osent armer le fils contre le père, le frère con son frère, l'ami contre l'ami, et souiller, par d'odieux attentats, des mains loyales que nous étic heureux naguère de presser dans les nôtres ! Nous ne voulons pas faire allusion non plus a anciens élus de la population demeurés au pouvoir. Investis par le peuple d'une mission au-dess de leurs forces et de leurs capacités, il est juste que ces hommes restent écrasés sous le farde qu'ils ont osé soulever. Aussi, reconnaissons-nous que ces complices involontaires des forfaits se commettent doivent, s'ils veulent appeler sur leur nom et leurs actes l'oubli, donner un gage leur bonne foi et de leur désintéressement en se retirant complétement de la scène politique, les avait appelés, dans un moment de stupeur, un peuple en détresse ! Arrière les représenta amphibies qui ne nous représentent pas ! Arrière les délégués de notre imprévoyance et de folles passions !.....

Non, c'est à la partie relativement saine de la population que nous nous adressons, aux no breux électeurs dont l'éternelle duplicité nous désole, à cet instigateur inconscient de tout désord de toute tentative criminelle.

Nous voudrions que ses yeux s'ouvrissent à la lumière et fussent en état de reconnaître les cau de l'effroyable cataclysme dans lequel nous sommes plongés ! Il verrait alors le rôle ingrat qu' joué tour à tour, dans ce lugubre drame, ses complaisances passées, ses incohérences habituell son esprit de parti, ses divagations, ses querelles byzantines, sa candeur et ses prétentions pol ques ! Il renoncerait, sans doute, à trancher comme il le fait, à tort et à travers, les questions co plexes qu'il n'a point étudiées, et réserverait discrètement son jugement sur les travaux arides de pensée. Il comprendrait que, malgré sa puissance d'assimilation, le tourbillon de ses affaires e multiplicité de ses distractions ne lui laissent pas le loisir de s'y consacrer.

Il cesserait, à la satisfaction de tous, de résoudre les difficiles problèmes sociaux, demeurés in lubles, malgré les constants efforts, les patientes recherches des hommes les plus savants, les p laborieux, les plus illustres qui ont passé leur vie loin du bruit et du monde, à interroger le sph impénétrable des sociétés modernes, sans pouvoir encore nous livrer le mot de l'insondable énigr Une heure seulement de réflexion lui donnerait le secret de la pitié qu'il inspire aux peuples l'observent. Une lueur de raison lui permettrait de calculer les conséquences de l'accès de *deliri tremens* dont il est atteint, lorsqu'appelé à la vie politique, il fait de Tabarin.... un législate

Non, Paris est dénué de tout sens politique ; ses brillantes qualités d'abord le lui refusent : fierté native, sa bonne foi, sa droiture, le laissent sans défense contre les subtilités d'Escobar. défauts eux-mêmes, sont en opposition directe avec les qualités qui font l'homme politique. Ce science s'accommode mal de la fougue, de la frivolité et de l'inconstance qui distinguent le car tère parisien, alors qu'elle exige de celui qui la cultive : le calme, le sang-froid, le savoir, la sa cité, l'expérience, la pénétration, la ruse, une persévérance opiniâtre et une connaissance approf des hommes et des choses. Aussi, le Parisien faisant de la politique, nous rappelle-t-il involontement le célèbre Ingres exécutant sur le violon de Paganini les variations du *Carnaval de Venise* !

i Paris veut ressaisir le sceptre qui lui échappe, qu'il rompe sans tarder avec cette tendance perieuse. Qu'il abdique, sans tarder la pression qu'il exerce arbitrairement sur les affaires publiques, u'il ne favorise pas davantage le trouble et l'anarchie. Qu'il comprenne qu'une troisième révolu n'a pas sa raison d'être, et que la seule arme entre Français doit être le bulletin de vote. Les ndes conquêtes morales que n'ont pu amoindrir les orgies sanguinaires de 1793, ont détruit à ais le privilége ; il ne faut pas que la coterie le remplace !

Iontrons-nous plus jaloux de l'héritage de nos pères, dépôt sacré dont nous devons compte à nos ants ; ne laissons pas des mains impies le profaner. Une deuxième convulsion du pays vint affir les droits égalitaires de la démocratie en nous octroyant le suffrage universel. Si cette institu libérale n'est pas un vain mot, il nous faut la perfectionner et ne pas permettre qu'une minofactieuse l'escamote à son profit ou en rende l'exercice impossible. Respectons l'œuvre du ps et de nos devanciers, nous marcherons vers l'avenir à pas plus sûrs et mieux comptés ! osons, dès maintenant, une digue infranchissable aux empiétements frauduleux des prétendus emis du capital ! Arrachons le masque à tous ces faux-prophètes d'un socialisme éhonté qui n'a un but : *détrousser celui qui possède*. Evitons cette guerre qui n'est qu'un vol, à main armée, en étant au collet les malfaiteurs. Les bases solides d'une démocratie bien comprise et bien définie mettent d'apporter journellement une pierre nouvelle à l'édifice social ; s'il est humainement sible d'établir une répartition plus équitable de la fortune publique, et d'ajouter encore au bien que procure à l'ouvrier, au laboureur, le travail ; cette répartition se fera sans secousse et sans lence. Le respect absolu des intérêts de chacun est la plus sérieuse garantie que le droit nouu puisse offrir à ceux qui seront appelés à recueillir les fruits d'améliorations successives. Ces reuses modifications se présenteront d'elles-mêmes, avec le temps, par l'étude, et par le désir ont tous les hommes de cœur d'améliorer le sort de leurs semblables.

epuis quand l'infâme capital réserve-t-il à l'un ses rigueurs, à l'autre ses largesses ? Depuis nd n'est-il plus, cet être capricieux, mobile, accessible au travailleur infatigable, intelligent ou nome ? Quels seraient donc les nouveaux décrets, les lois nouvelles ou les priviléges ignorés qui pêcheraient l'artisan d'aujourd'hui de devenir le capitaliste de demain ? Quels seraient donc ces rets, ces lois ou ces priviléges qui, par contre, empêcheraient le capitaliste d'aujourd'hui de enir, par l'inconduite, le malheur ou la prodigalité, le nécessiteux de demain ? Il nous suffirait, r rentrer dans le chemin de la légalité ou de la raison, de repousser tous ces sophismes mengers, de regarder à l'œuvre les réformateurs que nous avons encouragés de nos bravos, de hercher les hommes que nous avons élevés tour à tour sur le pavois, compter les services qu'ils rendus et citer les promesses qu'ils ont réalisées. Le voile qui obscurcit notre vue tomberait, t-être, devant la longue énumération de nos surprises et de nos déceptions !...

uels enseignements nous pourrions retirer, pour le présent et l'avenir, de l'étude des hommes nt nous nous sommes faits le marchepied !

Nous y verrions au tribunal de l'opinion publique, assis au banc des accusés, ceux-là mêmes qui, t de fois, ont invoqué sa souveraine compétence !...

Nous y verrions l'illustre vieillard qui a au moins, sur l'astrologue de la fable, le mérite de ne templer les astres qu'en sortant de son puits ; retrouver, pour détruire l'œuvre de sa jeunesse, ergie et le talent qu'il a dû déployer pour l'édifier. O amère ironie du temps !...

Nous y verrions ce vieux rhéteur désabusé, assoiffé de pouvoir, faire de singulières méditations la frivolité des faveurs populaires ; nous le verrions, à l'exemple de lady Macbeth, torturée de nords, vouloir effacer de ses mains, qu'il regarde avec dégoût, les traces de certaines étreintes nt elles restent et resteront maculées !

Nous pourrions commenter le silence de ces incorrigibles ganaches qui se sont fait justice elles mêmes, en rentrant dans la coulisse, après avoir mis leur sénilité et leur jeu d'un autre âge au servic d'une pièce déjà sifflée deux fois.

Nous pourrions calculer le montant des dilapidations du jeune dictateur présomptueux qui surpr notre bonne foi et notre admiration : ce puissant orateur des foules, tribun d'estaminet, dont no entendons encore les premiers rugissements poussés des hauteurs de Montmartre, théâtre de s débuts. — Ce fut là, en effet, qu'il nous donna le prologue de la tragédie lugubre dont le dénoûme fait dresser les cheveux ! — Que Montmartre, à jamais associé à son nom, devienne le tombeau de s gloire éphémère comme il en a été le funèbre berceau !... Laissons le lion blessé, le révolutionnai mystique, se refaire les griffes sur la terre étrangère et lui demander le calme, la sécurité qu'u pays convulsionné par ses soins ne saurait lui offrir. — Qu'il poursuive à son gré, sur le sol mona chique, la sublime chimère républicaine dont son ardente imagination paraissait éprise. — Qu donne un corps à ses idées, la réalité à son rêve, une direction nouvelle à ses aspirations maladive son jugement sera plus sain, et, profitant peut-être des leçons de l'expérience, il pourra, en homn pratique, donner un libre essor à son incontestable talent. — La folle tentative d'avoir voulu recon mencer la grande épopée nationale du dernier siècle sera son excuse. — La prétention d'avo voulu dépasser l'illustre Carnot, et n'avoir réussi qu'à le parodier, en organisant partout la défai sera son châtiment !

Si nous voulons sortir de l'impasse où nous sommes et éviter le retour des chocs qui no brisent, il nous faut voir dans les dures épreuves que nous subissons la leçon méritée de nos débo dements. — Il faut que tous : artistes, bourgeois, ouvriers, commerçants, nous nous pénétrions bi de la nécessité de nous entendre, afin de ne plus abandonner au premier intrus la direction de n forces et de notre initiative. — Il faut que nous cessions de nous faire les dupes, les instrumen aveugles des habiles qui nous trompent, nous soulèvent et nous ruinent. — Nous ne nous laissero plus fasciner par les contours harmonieux d'une phrase sonore, mais vide de sens, qui nous f lâcher la proie pour l'ombre et confondre, par dilettantisme, le penseur avec les *virtuoses* de pensée.

Nous cesserons de nous attendrir autour de la chaire de ces orateurs larmoyants qui éprouve sur notre impressionnabilité la séduction de leur langage, les félines caresses de leur intonatio Leurs homélies, au sentimentalisme suspect, ont des principes dissolvants, semblables à ceux de boissons édulcorées qui débilitent l'estomac !

Nous ne formerons plus le cercle autour de ces équilibristes de la politique dont les brusqu conversions causent un véritable scandale !

Nous nous garderons comme de la peste des prédications furibondes de ces doctrinaires chevel aux regards haineux, aux gestes menaçants, aux vêtements crasseux, qui s'enivrent de leur pro éloquence et voudraient infiltrer dans nos âmes ce que la leur contient de fiel et d'amertume con la société qui les méconnaît, les repousse et les méprise !

Nous n'irons plus au cabaret recruter nos hommes d'Etat et nos états-majors, comprenant q les combinaisons politiques ne se trouvent pas au fond d'une chope, et que la pratique du cara bolage ne donne pas les connaissances stratégiques.

Nous abandonnerons à leur douce folie les utopistes et les poëtes : ces rêveurs inoffensifs lancé la recherche d'un idéal qui les ravit ; nous attendrons pour prendre en considération leur attray programme qu'ils aient retenu captif, dans leurs filets, le joli papillon aux ailes d'or qu'ils po suivent en vain !

Nous renverserons les tréteaux de tous les faiseurs, de tous les banquistes, de tous ces ch latans épileptiques qui nous abrutissent de leur jactance intarissable, et nous font acheter l panacée.

Nous ferons table rase de tous les larrons, de tous les bohémiens, de tous les vampires dont Paris la cour des miracles. Nous fermerons, après y avoir brûlé du sucre, les bouges infects où la magogie crapuleuse tient ses assises...

Il ne reste actuellement à Paris, à la France, qu'une chance de salut : l'unité dans l'action.

Il faut que Paris fasse le sacrifice d'une suprématie à laquelle il n'a pas droit. Qu'il renonce xercer, sur le pays, toute pression politique qui froisse le sentiment national, et tout peut être ivé.

S'il persiste à vouloir imposer un pouvoir arbitraire, un despotisme odieux, insensé, il se perd, et raîne avec lui le pays qui l'accepte...

Si la France ne peut parvenir à mettre son gouvernement à l'abri des surprises, des tours de force des escamotages d'une faction ou d'un parti, elle est à jamais déchue et cesse de prendre rang rmi les nations!

Si la population la plus éclairée, la plus instruite, la plus civilisée, donne ainsi le signal de subordination, du mépris des lois, de l'immoralité, du trouble et de la révolte? c'en est fait de sa maudite!...

Il faut alors que le vide se fasse autour d'elle, que les âmes pures s'en éloignent! Il faut que la ion se détache de la Ville infernale, de la Ville-fléau, de la Ville-poison; la repousse, la désavoue a laisse retomber dans le chaos où l'ont devancée les grandes coupables de l'antiquité : Gomorrhe, zance et Babylone!

Que la lumière se fasse pour Paris, c'est notre vœu le plus ardent! Qu'il comprenne l'étendue du il dont il est menacé; qu'il mesure la profondeur du gouffre dans lequel il va s'engloutir! Qu'il gisse, s'il le faut, par un coup d'audace ou de patriotisme, contre les lois fatales qui président destinées des nations, des hommes et des choses!...

Il ne reste aujourd'hui, pour Paris, aucune faute à commettre, aucun grelot à attacher à ses mille rottes!... De son côté, la France, flétrie, agonisante, a parcouru, hélas! les douloureuses étapes son triste Calvaire! Elle a vidé et renversé ensuite son calice! La concorde seule peut réchauffer sein et lui ramener, par l'amour et l'union de ses enfants, la vie, la force et l'honneur!

Commençons, tout en nous inclinant sous l'arrêt du destin, l'œuvre de notre régénération. Ramas- s en silence les tronçons épars de nos armes brisées; que notre attitude soit calme, ferme et ne. Sachons nous grouper, nous compter et... attendre! Nos pertes, si considérables qu'elles ent, ne sont pas irréparables : la grande unité française, œuvre de nos ancêtres, n'est qu'entamée, détruite. *Tout n'étant pas perdu, tout peut être sauvé!*

Faisons que nos efforts et notre patience soient proportionnés aux malheurs qui nous accablent! rchons dans la défaite présente les éléments de la victoire future! Soyons prêts pour la lutte rême rendue inévitable par la rapacité et les orgueilleuses prétentions de notre vainqueur, ainsi par les humiliations dont il ne manquera pas de nous abreuver! On n'est pas invincible pour s avoir vaincus! — Les événements, à notre époque, se succèdent avec une effroyable rapidité; pères devaient attendre longtemps la réparation d'un outrage; plus heureux sont les fils, qui ront chasser du sol envahi les oppresseurs qui le souillent! La fortune a des retours imprévus! sait si l'ivresse même d'un triomphe sans précédent ne jettera pas bientôt à nos pieds l'Ogre tinental?... Qui sait si du sillon sanglant creusé de Sédan à Paris ne surgira pas une armée geresse? D'ailleurs, quand viendra le moment de la justice et de la réparation, si l'âge ou les rmités nous rendaient impuissants à revendiquer nos droits, notre main débile saurait indiquer nos enfants l'endroit où s'est incliné notre drapeau..... où s'est évanouie notre gloire! L'exemple notre civisme et l'enseignement de nos malheurs leur donneraient le secret de notre abnégation! Au commencement de cette triste campagne, alors que la France s'apprêtait à vaincre, sans s'inquiéter de savoir si elle était en mesure de combattre, nous nous fîmes un devoir, ne prenant consε que de nos pressentiments, d'en signaler les désastreuses conséquences et d'apporter, dans les c lonnes de la *Revue populaire de Paris*, une note lugubre et presque discordante au concert d bruyantes acclamations qui en saluèrent les débuts !

De même aujourd'hui, nous nous faisons un devoir de signaler les fâcheux résultats qu'amène pour nous l'application du système décentralisateur ! Nous opposons également nos pressentimen et nos secrètes alarmes à cette nouvelle calamité. Ne nous illusionnons pas sur la valeur des mo et sachons que celui de décentralisation ne saurait avoir, en France, son véritable sens. Il ne fa voir en lui que le synonyme de dissolution, désagrégation, décomposition. L'adoption de ce systèm préconisé depuis peu, ne ferait que développer le désolant antagonisme qui existe déjà entre l villes et les campagnes ! Ce serait le coup final porté à l'unité française !...

Centralisons, au contraire, concentrons plus que jamais nos efforts, unissons nos intérêts priv dans l'intérêt général du pays, serrons-nous fortement les uns contre les autres ; que nos querell d'opinions, de clochers, de boutiques, ne nous arrêtent plus obstinément à telle ou telle forme gouvernement ! Faisons donc comprendre à tous les honnêtes gens la faible nuance qui existe ent telle forme ou telle autre, alors qu'ils sont tous d'accord sur la nécessité d'établir un principe que conque d'autorité. Si nous nous pénétrions de cette vérité, nous pourrions, sans dépenser une plum d'encre, sans verser une goutte de sang, rétablir la stabilité dans un malheureux pays, divisé à point par les partis, qu'il suffit à deux d'entre eux de s'unir pour s'imposer aux autres, en attenda bien entendu, que ces derniers, profitant de la leçon, s'unissent à leur tour pour culbut ceux-là !...

Il faut que nous nous rangions tous sous la même bannière, quelle qu'en soit la couleur, et q nous acceptions franchement, Paris, en tête, le mode gouvernemental qui présentera au pays, *cc sulté*, le plus de garantie d'ordre et de durée.

Les nombreux partisans d'une forme mal définie jusqu'ici, qui n'est, pour la plupart, que la nég tion absolue de tout gouvernement, rouleront encore une fois le drapeau *multicolore*, sous les p duquel viennent se ranger les individus sans nom qui n'ont d'autre parti que celui de l'émeute. ne s'exposeront plus, de la sorte, à être poussés, débordés, avilis, par le hideux cortége qui s'a tache à leurs pas, et s'empare pour le déshonorer du drapeau qu'ils portaient. Le calme, la prosp rité, la confiance, le bonheur de leurs concitoyens, les consoleront bien, pensons-nous, de la pe de leurs illusions ! Ils renfermeront dans l'arche sainte de leur conscience, des opinions respectab dont le libéralisme ne doit pas être un instant soupçonné, et attendront pour élever la voix ou ten de plus heureux essais, qu'un nouveau Washington se présente à leur tête !

Le gouvernement que nous aurons choisi, ou reconnu, deviendra notre ouvrage, et, sans nous a rêter à de mesquines considérations de personnes, nous ne verrons en lui que ce que nous y dev voir : le symbole autoritaire autour duquel nous devons tous nous rallier. Tout en caressant secrètes espérances, nous le servirons loyalement, lui accordant, sans réserve, notre confiance nos respects, l'éclairant de nos conseils, le fortifiant de notre appui.

Ce pouvoir, n'ayant plus à se débattre perpétuellement dans un cercle fatal, et à user ses moye et ses forces dans des luttes intestines et incessantes, comprendrait la grandeur de sa mission la raison du sacrifice. Il saurait réunir les épaves de notre prospérité d'autrefois, faire la part chacun et sauvegarder les intérêts et la dignité de tous. Il purgerait la société de ses parasites, l'amputerait de ses membres gangrenés. Il pourrait, travailler activement, prenant partout modèles, à la réorganisation d'une armée perdue par les songe-creux qui en appelaient la suppress et qui implorent aujourd'hui, de ses débris, leur salut ! Il ferait les efforts nécessaires pour ramene la France la sympathie et l'estime européenne qu'ont éloignées ses excès ! Son action aurait d'aut plus d'influence au dehors qu'elle serait soutenue et dirigée par des noms honorables et illustr e respect de soi-même succéderait alors à l'écœurement que tout Français éprouve en voyant ;urer les noms les plus grotesques ou les moins autorisés, à la tête des grands services blics.

Nous verrions enfin disparaître du pouvoir ces adroits mystificateurs qui nous convient tous au nquet des heureux et se font, pour y pénétrer, un *Mané, Thécel, Pharès* de nos ridicules appétits!... us les verrions, avec une indicible joie, sortir piteusement de la salle du festin où ils s'étaient nfortablement installés, et où ils comptaient se maintenir en nous jetant, de loin en loin, un sérable os à ronger!...

Pour obtenir ce résultat il convient de régler la situation de Paris. Deux combinaisons différentes présentent à l'esprit : D'abord, la séparation complète de la capitale, c'est-à-dire son divorce avec pays, la création de l'autonomie parisienne, la fédération ; ensuite l'abdication politique de ris en faveur de la nation, ce qui pour nous est simplement un retour au bon sens, à la ;alité.

La première de ces combinaisons ne pourrait être adoptée qu'à la dernière extrémité et seulement cas de réconciliation impossible! Nous avouons même qu'en acceptant cette hypothèse et en nant au sérieux cette demande, nous faisons au pauvre malade une concession suprême dictée r notre affection pour lui. Outre que cette situation transitoire, anormale, créerait un Etat dans tat, elle établirait un précédent que pourrait invoquer chaque jour telle ou telle autre ville! Ce ait alors pour notre malheureuse France l'œuvre du démembrement, de la désagrégation que us citions plus haut. En raison des nombreux inconvénients que présente cette déplorable solution, que le cadre restreint de cette brochure ne nous permet pas de développer, nous repoussons cette sure comme anti-nationale et comme devant être pour le pays une calamité publique! Il est vrai, as, que nous en sommes arrivés à ne les plus compter!...

Nous nous rallions donc de préférence à la seconde combinaison, qui nous semble plus conforme droit, à l'équité, à la justice. Nous n'entendons pas par l'abdication politique de Paris, sa retraite solue, son éloignement radical des affaires du pays... Ce serait trop demander, et la perfection st qu'un rêve! Non, nous demandons à Paris de s'en tenir à la représentation légale et numé- ue de ses vrais habitants. Nous voudrions que cette représentation cessât d'être la fraction tu- ltueuse, tracassière, intolérante d'une Assemblée... Nous voudrions que cette fraction cessât tre la délégation du désordre, de l'ignorance, du despotisme grossier ou de la sottise des les!...

Nous serions heureux de voir la nation appelée à la haute direction de ses grands intérêts com- mis, à tout instant, par l'intolérance et la mauvaise foi des minorités!

Nous consentirions volontiers à ce que Paris se réservât la faculté, si tel était son bon plaisir, nvoyer partout ses missionnaires, afin d'éclairer, d'instruire, de convaincre les masses. Il pour- t choisir, à cet effet, dans le stock de ses tribuns en disponibilité, les apôtres capables de prêcher doctrine et de faire de nombreux prosélytes! De cette façon la violence, le mensonge, la menace aient place à la persuasion. — Paris retrouverait en prestige, par son industrie, son commerce, goût, ses sciences, ses lettres, sa poésie, ses arts... ce qu'il aurait perdu, ou plutôt abandonné, en uence politique. — Les départements lui rendraient la force, l'abondance, le crédit, la vertu, en ange desquels il donnerait à son tour, la prospérité, la richesse et l'éclat de ses connaissances ellectuelles!

Cette touchante réconciliation, cette paix intime, porterait rapidement ses fruits : Le courage et oie renaîtraient pour l'infortunée capitale, remise en état de cicatriser ses plaies, de sécher ses mes et de reconquérir sa place dans le monde civilisé, en empêchant ses rivales de se partager riches dépouilles!

Paris relèverait peu à peu son front découronné, et pourrait par le travail, l'ordre et l'éconon rattacher sa verdoyante ceinture transformée par la guerre et la dévastation en *immense nécropo* Ses incomparables environs reprendraient leur aspect d'autrefois. Nous verrions reverdir et la mou et les pelouses autour de la villa déserte ; nous verrions regrimper le lierre et le chèvrefeuille long du modeste pavillon de repos, hélas, abandonné, passé, peut-être même, en d'autres mair Nous pourrions encore sourire à l'espérance, en voyant reparaître et les fleurs et l'ombrage dans humbles oasis patriarcales où quelques pieds de terrain, plus ou moins cultivé, suffisaient, pour semaine, au bonheur domestique de toute une famille...

A l'intérieur, Paris renfermerait sa municipalité dans les attributions spéciales qui lui serai dévolues, et laisserait à l'Etat l'autorité absolue sans laquelle la reconstitution du pays est un leur

Cette entente réciproque amènerait le désarmement naturel des deux partis. Nous verrions ces le désolant dualisme qui existe fatalement entre une autorité méconnue et une population irrital Paris comprendrait enfin que le caducée de Mercure, le compas, le pinceau, l'outil et le burin, plume et le ciseau sont les seules armes qui doivent désormais asseoir son empire sur le globe ; que des armes d'une autre espèce, laissées entre ses mains nerveuses, inexpérimentées, doiv infailliblement se tourner contre lui !...

Paris s'en remettrait à l'Etat du soin de le protéger, du devoir de le défendre. Ce dernier, à tour, édifié par ces sages concessions, saurait ménager l'amour-propre, et les susceptibilités peuple parisien en éloignant de la cité, devenue pacifique, toute garnison militaire, et en laissant qu'une armée municipale aussi forte que l'exigerait la sécurité des citoyens.

D'ailleurs, l'éloignement de toute garnison militaire serait étendu à tous les grands centres de France ; la reconstitution morale de l'armée, corrompue par le séjour des villes, est à ce prix ! retour au bon sens et aux choses pratiques l'écarterait également des urnes électorales ; l'épée saurait, sans s'abaisser, avoir une opinion, et le soldat doit rester le vigilant gardien, le servi aveugle d'un pouvoir établi ! Le gouvernement pourrait alors, s'entourant des garanties nécessa à son indépendance et à sa dignité, rétablir à Paris son siége. — Cette ville cesserait d'être pl forte, et nous verrions tomber ses barrières. — Au surplus, nous nous réservons, dans une p chaine et consciencieuse étude, d'établir sûr des faits, les avantages que Paris retirerait de la su pression complète de son enceinte fortifiée, et de prouver, non-seulement l'inutilité, mais encor danger permanent que présente, pour une capitale, l'existence de semblables ouvrages !

Le libre exercice des cultes ainsi que l'équilibre des pouvoirs rétablis, l'extinction de toute riv entre l'administration et les administrés accomplie, l'autorité rendue à ses dépositaires légaux force remise au service du droit, l'ordre définitivement assuré, le respect de la propriété et des dividus devenu inviolable, la réorganisation des fonctions publiques effectuée, les agitateurs mopolites expulsés, les traces ignobles d'un monstrueux vandalisme disparues, les coupable tous rangs, de tous ordres, de toutes conditions atteints, démasqués et châtiés !

Le calme et la confiance régnant enfin, nos gouvernants, allégés de graves soucis, pourra consacrer exclusivement aux intérêts du pays leur temps et leurs travaux. Ils pourraient, crainte du lendemain, étudier, mûrir et résoudre les grands problèmes qui solliciteraient attention, leurs aptitudes. Ils ne seraient pas entravés sans cesse par l'impatience des un mauvaise foi ou l'ineptie des autres. Ils sauraient s'élever à la hauteur de nos besoins et do satisfaction à nos tendances progressives. Ils pourraient examiner, sans arrière-pensée, les pr qui leur seraient soumis, les améliorations sérieuses qui leur seraient proposées. Nos aspirations l times, nos désirs, nos volontés, librement, courtoisement exprimés, les trouveraient toujours ac sibles. Le sentiment de grands devoirs accomplis deviendraient, pour eux, la plus digne réc pense !...

Nous pourrions goûter en paix les félicités inconnues d'une harmonie nationale à laquelle, hé ous sommes peu habitués, réservant, de la sorte et de préférence, pour l'étranger, ce que nos œurs et nos âmes pourraient contenir d'indignation, de haine et de vengeance !...

Ah ! quels beaux jours, ce serait encore pour la France, si tous ses enfants, mûs par un même ɛntiment d'amour et de patriotisme, venaient déposer sur l'autel de la patrie déchirée : colères, ɔinions, préjugés, rancunes ; et si, unis dans une pensée commune, courbés sous un même affront, s marchaient en silence et d'un pas mesuré vers un seul et même but..... ne détachant pas, un ıstant, leurs regards de la page humiliante où se trouve le stigmate de la ruine et du déshonneur, au bas de laquelle un implacable ennemi, leur broyant le poignet, les força de signer !... Ah ! ıel puissant levier, ce serait entre leurs mains qu'une telle répartition de leurs forces et de leurs olontés ! C'est alors qu'ils étonneraient le monde par de nouveaux prodiges, et que leurs ennemis, eux-mêmes, fuiraient épouvantés, découvrant dans leur course les chemins, à jamais glorieux, que ıivirent autrefois les soldats de Friedland, d'Iéna, d'Auerstadt et de Dantzig !...

Il resterait à nos honorables mandataires une grande et belle mission, celle de nous diriger, de ous organiser, nous conduire. Alors seulement, il deviendrait possible d'endiguer, de canaliser le ɛuve au cours impétueux, dont la surface nous cache d'insondables abîmes, dont les débordements ɛriodiques ravagent nos semences, submergent nos moissons, entraînent nos récoltes... Ce torrent ır lequel tous, nous voulons, à la fois, naviguer sans aviron ni gouvernail : la Liberté.

www.ingramcontent.com/pod-product-compliance
Ingram Content Group UK Ltd.
Pitfield, Milton Keynes, MK11 3LW, UK
UKHW032040260826
14628UKWH00007B/3075

9 782012 469068